SOUVENIR DU PATRON

HISTOIRE
CANTIQUES ET ORAISON

DE

SAINT MARTIN

CHAUNY

CHEZ L'AUTEUR, RUE DE LA CHAUSSÉE, 5

1866

SOUVENIR DU PATRON

HISTOIRE
CANTIQUES ET ORAISON
DE
SAINT MARTIN

CHAUNY

CHEZ L'AUTEUR, RUE DE LA CHAUSSÉE, 74.

1866

IMPRIMERIE BUGNICOURT
A CHAUNY (Aisne).

VIE

DE SAINT MARTIN

Saint Martin naquit vers l'an 316 dans un petit village de Pannonie que l'on appelle aujourd'hui *Martins-berg* ou *Szent-Marton*, patrie de sainte Élisabeth de Hongrie. Il quitta bientôt son pays natal, car son père, tribun de l'armée romaine, dût se rendre en garnison à Pavie (Italie). C'est dans cette ville que, malgré ses parents,—Ils étaient payens, — il s'instruisit des vérités de la religion et se fit catéchumène. Dans son ardeur, il allait se retirer du monde et demander à la solitude un asile pour servir Dieu uniquement, quand l'édit de l'empereur qui ordonnait aux enfants des vétérans de remplacer leurs pères, vint l'arrêter.

Martin, alors âgé de quinze ans, fut enrôlé dans la cavalerie. Ce nouveau genre de vie n'était guère de son goût : il aimait la retraite et la piété, et dans les camps régnaient une dissipation et une irréligion continuelles... Sa vertu ne fit cependant que grandir et se fortifier dans ce milieu impie. On dit qu'un jour d'hiver, comme il sortait de la ville, il trouva un pauvre presque nu, et auquel

personne n'avait fait l'aumône. Martin partageant avec
son épée le manteau dont il était couvert, en donna la
moitié au pauvre et remit l'autre moitié sur ses épaules.
La nuit suivante, il vit Notre-Seigneur revêtu de la moitié
du manteau donné au pauvre et disant aux anges qui
l'entouraient : « Martin, qui est encore catéchumène, m'a
donné ce vêtement. » Le saint n'en tira point vanité,
mais, connaissant la bonté de Dieu, lorsqu'il eut l'âge de
dix-huit ans, il se fit baptiser. Le temps de son service
étant expiré, il servit encore deux ans, cédant aux ins-
tances du tribun sous les ordres duquel il était. Mais à
l'expiration de l'engagement, il rendit ses armes, disant :
« Je suis soldat de Jésus-Christ ; il ne m'est plus permis
de faire la guerre. » L'empereur Julien, irrité, lui dit que
ce n'était point par piété, mais par crainte du péril qu'il
quittait le service. Martin lui répliqua courageusement :
« Si c'est à la lâcheté et non à la foi qu'on attribue ma
résolution, l'on me verra demain, devant le front de l'armée, sans bouclier ni casque, protégé seulement du signe
de la croix, pénétrer dans les bataillons ennemis sans
éprouver nulle crainte. » Julien ordonna qu'on le gardât,
afin de l'exposer le lendemain aux coups des ennemis.
Mais, dès le matin, on vit arriver de leur part des envoyés
qui annoncèrent qu'ils se rendaient à discrétion. Ce fut
évidemment aux mérites du saint que l'on fut rede-
vable de cette soumission inattendue.

S'étant donc retiré du service, Martin se retira vers
saint Hilaire, évêque de Poitiers, qui l'ordonna acolyte.
Puis, poussé par une inspiration divine, il alla visiter ses
parents qui étaient encore païens. Il convertit sa mère

mais son père persista dans ses erreurs. Il retourna
ensuite près de saint Hilaire, et fonda un monastère près
de Poitiers, où il vivait avec un catéchumène. S'étant
éloigné un jour de la maison, il trouva, à son retour, son
compagnon mort et sans baptême. Alors se prosternant
sur lui, il le rappela à la vie. Et le disciple raconta que la
sentence ayant été rendue contre lui, deux anges le con-
duisaient aux régions ténébreuses, lorsqu'il fut rapporté
au souverain Juge que c'était pour lui que Martin priait,
aussitôt les anges eurent l'ordre de le ramener, et il re-
couvra la vie.

La ville de Tours vint à perdre son évêque, et le peuple
demanda Martin. Quelques-uns s'opposaient à ce qu'il
fût évêque, parce qu'il était d'une famille ordinaire, et
très-négligé dans ses vêtements; un nommé Defensor était
le plus grand de ses adversaires. Or, comme il manqua à
ce moment de lecteur à l'office divin, un assistant ayant
pris un psautier et l'ayant ouvert au hasard, lut le premier
verset sur lequel il tomba, et ce fut : « Tu as fait venir la
louange de la bouche des enfants à la mamelle, pour que tu
détruises l'ennemi et le défenseur. » Et ce Defensor fut alors
blamé de tous. Ordonné évêque, Martin fonda, à deux
milles de la ville, un monastère, où il vécut avec quatre-
vingt disciples dans une grande mortification, personne
n'y buvait de vin, à moins que la maladie n'en fît une né-
cessité. Tout relâchement était là considéré comme un
crime, et un grand nombre de ces frères devinrent de pieux
évêques. Un mort était honoré sous le titre de martyr
et Martin ne pouvait rien trouver au sujet de sa vie ou
de ses mérites ; un jour il pria Dieu sur le tombeau de

cet inconnu de lui faire savoir qui il était et quels étaient ses mérites. Et, se retournant, il vit à sa gauche un fantôme tout noir. Martin l'adjura de dire qui il était, et le fantôme dit qu'il avait été voleur et qu'il avait été supplicié à cause de ses crimes, et Martin ordonna aussitôt de détruire son autel. On lit dans le *Dialogue* de Sulpice Sévère qu'il ressuscita encore un mort ; car un jeune homme ayant trépassé, et sa mère priant avec larmes saint Martin de le rendre à la vie, le saint se mit à genoux dans le champ où se trouvait une multitude innombrable de païens, et aussitôt, en présence de tous, le mort ressuscita. C'est pourquoi tous les païens se convertirent à la foi. Les choses insensibles et privées de raison, les végétaux et les éléments, comme l'eau et le feu obéissaient à saint Martin ; le feu avait pris à une maison, et le vent poussait la flamme sur les maisons voisines. Martin monta sur le toit d'une maison et leur ordonna de ne pas avancer ; et elles reculèrent allant contre le vent, et l'incendie cessa miraculeusement.

On lit dans le même *Dialogue* qu'un navire étant en grand danger de faire naufrage, un marchand qui n'était pas encore chrétien s'écria : « Dieu de Martin, sauvez-nous, » et aussitôt il advint un grand calme. Dans un certain endroit, Martin avait détruit un temple très-ancien, et il voulait faire arracher un sapin consacré au diable : les paysans et les gentils s'y opposant, l'un d'eux vint à dire : « Si tu as confiance en ton Dieu, mets-toi sous cet arbre pendant que nous le couperons, et si ton Dieu est puissant, il te protégera. » Martin se mit contre l'arbre, et au moment où le pin se penchait et allait l'écraser, le saint fit le signe de la croix, et l'arbre, se redressant, tomba du côté opposé, sur les gentils qui se croyaient en parfaite sûreté. Et, ayant vu ce miracle ils se convertirent à la foi. On voit dans ce même dialogue que les animaux lui étaient soumis. Un serpent avait une fois traversé un fleuve à la nage, et Martin lui dit : « Au nom du Seigneur, je t'ordonne de t'en retourner. » Et le serpent revint sur la rive d'où il était parti. Et le saint dit alors en gémissant: « Les serpents m'entendent, et les hommes ne m'entendent pas. » Un chien aboyait un jour contre un disciple de Martin, qui se tourna vers lui et lui dit : « Au nom de mon maître, tais-toi » et le chien se tut aussitôt.

Le bienheureux Martin fut d'une extrême humilité ; il rencontra, un jour, un lépreux qui faisait horreur à tout le monde, il l'embrassa et le bénit, et le lépreux fut aussitôt guéri. Il ne se servit jamais d'un siége pendant les offices, et personne ne le vit s'asseoir à l'église. On lit dans le dialogue que nous avons cité, que Martin étant un jour seul dans sa cellule, tandis que ses disciples Sévère et Gallus étaient en dehors à la porte, ils entendirent plusieurs voix dans la cellule. Et ayant ensuite questionné à cet égard Martin il leur répondit : « Je vous le dirai, mais je vous en prie, n'en parlez à personne. Agnès, Thècle et Marie, sont venues vers moi, et ce n'est pas seulement cette fois, qu'elles viennent me rendre visite. » Et les saints apôtres Pierre et Paul venaient souvent l'entretenir, mais il ne voulait pas qu'on le sût. Telle était sa patience, que, bien qu'il fût le chef des pasteurs, les clercs l'offensaient souvent impunément, sans qu'il cessât d'avoir autant de charité pour eux. On ne le vit jamais en colère, jamais triste, il n'avait à la bouche que Jésûs-Christ, et il n'avait dans le cœur que piété, paix et miséricorde.

Il était très-assidu à la prière, et on lit dans sa légende qu'il ne restait jamais une seule heure sans en consacrer une portion à l'oraison et à la lecture. Soit qu'il lût soit qu'il travaillât, son âme ne se détournait point de la prière. Et, quoiqu'il fît, il priait toujours. Son austérité envers lui-même était très-grande. Sévère raconte, dans une lettre à Eusèbe, que saint Martin étant venu dans une ville de son diocèse, les clercs lui avaient préparé un bon lit. Martin, qui avait coutume de coucher à terre, rejeta tous ces tapis et se coucha à son ordinaire. Au milieu de la nuit le feu se déclara dans l'appartement où était Martin. Il essaya de sortir et ne le put ; déjà les flammes gagnaient ses vêtements, lorsqu'ayant eu recours à son arme habituelle : la prière, et ayant fait le signe de la croix, il n'éprouva aucun mal, et il sentit comme une douce rosée les flammes qui l'entouraient. Les moines, réveillés, accoururent, et ils trouvèrent que Martin, qu'ils croyaient brûlé, n'avait nullement souffert.

Il était plein de compassion pour les pécheurs, et recevait dans son sein tous ceux qui voulaient se repentir. Le démon le reprit un jour de ce qu'il recevait trop facilement les pécheurs à la pénitence, et le saint lui répondit : «Si toi-même, misérable, tu cessais de poursuivre les hommes et si tu te repentais de tes péchés, je t'assurerais de la miséricorde de Notre-Seigneur Jésus-Christ. »

Il eut une grande puissance pour chasser les démons ; il les força souvent à abandonner le corps des hommes.

Un jour, un démon lui apparut sous la forme d'un roi couvert de pourpre, avec un diadème, l'air satisfait et serein. Et lorsqu'ils furent restés quelques temps en présence sans parler : « Reconnais, Martin, dit le démon, que je suis celui que tu adores, le Christ qui, descendant sur la terre, a voulu me manifester à toi. » Martin le regardait avec surprise, sans rien répondre, et le diable reprit : « Martin pourquoi hésites-tu de croire, puisque tu me vois? Je suis le Christ. » Le saint évêque, inspiré de l'Esprit Saint, dit : « Le Seigneur Jésus-Christ ne s'est point montré vêtu de pourpre et n'a point porté de diadème. Je ne crois pas que mon Dieu vienne avec d'autres insignes que ceux de la Passion et sans avoir les stigmates de la Croix. » A ces mots le démon disparût, laissant la cellule de Martin pleine d'une odeur infecte.

Le saint connut longtemps d'avance le moment de sa mort, Il voulut, avant de mourir, visiter le diocèse de Candé, qui était agité par des discordes.

A peine arrivé dans ce diocèse, il sentit ses forces l'abandonner, et il dit aux frères que sa fin était proche. Et ils se mirent à pleurer et dirent : « Pourquoi nous abandonnez-vous, vous qui êtes notre père, et pourquoi nous laissez-vous dans la désolation? Des loups dévastateurs viendront ravager votre troupeau. » Et lui, les voyant pleurer fit cette prière : « Seigneur, si je suis encore nécessaire à votre peuple, je ne refuse pas le travail: que votre volonté s'accomplisse. » Et il ne savait quoi préférer, car il ne voulait ni abandonner ses ouailles, ni rester plus longtemps séparé de Jésus-Christ. En proie à la fièvre, ses disciples le priaient de permettre que l'on mit un matelas sur le lit où il était couché, mais il leur dit: « Un chrétien, mes enfants, ne doit mourir que sur le cilice et la cendre. Si je vous donnais un autre exemple, je commettrais un péché. » il avait les yeux et les mains constamment tournés vers le ciel, et priait sans relâche.

C'est ainsi qu'il rendit sa belle à Dieu l'an du Seigneur quatre-cent quarante-huit, âgé de quatre-vingt-et-un ans. Son visage brilla d'une clarté admirable, l'on entendit des symphonies angéliques.

Le bienheureux Séverin, évêque de Cologne, priant dans l'église au moment où saint Martin expira, entendit chanter les anges dans le ciel. Il appela l'archidiacre et lui demanda s'il entendait quelque chose ; celui-ci lui repondit qu'il n'entendait rien, et l'évêque lui ayant dit d'écouter avec plus d'attention, il dit qu'il entendait quelques voix dans le ciel. Et l'évêque lui dit: « C'est le bienheureux Martin qui est sorti de ce monde, et maintenant les anges le portent au ciel. Les démons sont accourus pour se saisir de lui, mais ne trouvant rien en lui qu'ils puissent réclamer ils se sont retirés tout confus. » Et l'archidiacre ayant pris note du jour et de l'heure, trouva que c'était en effet le moment où était mort saint Martin.

Le même jour, saint Ambroise, célébrant la messe, s'endormit entre la prophétie et l'épitre. Personne n'osait le réveiller, enfin, après deux ou trois heures d'attente, on l'éveilla en disant: « Père, Père, le peuple se lasse d'attendre ; ordonnez, que l'on continue l'office. » Le saint leur répondit: « Ne vous troublez pas ; mon frère Martin a été rejoindre Dieu et j'ai assisté à ses funérailles ; mais je n'ai pu réciter la dernière oraison, parce que vous m'avez éveillé. » Et eux, notant le jour et l'heure, reconnurent que c'était le moment où l'âme de saint Martin s'était envolée vers le ciel.

Soixante-quatre ans après la mort de saint Martin, saint Perpétue, ayant magnifiquement agrandi son église, voulut y transporter le corps du saint ; mais quoiqu'ils se fussent, à plusieurs reprises, appliqués au jeûne et à la prière, ils ne purent faire mouvoir son sépulcre. Et, au moment où ils allaient renoncer à leur entreprise, un vieillard d'une très-grande beauté leur apparût et leur dit: « Qu'attendez-vous ? Ne voyez-vous pas saint Martin prêt à vous aider ? » Et il joignit ses mains aux leurs, et le sépulcre fut enlevé avec la plus grande facilité et placé dans l'endroit où on le vénère aujourd'hui. Et personne ne revit ce vieillard. Cette translation se célébra au mois de Juillet. Oddon, abbé de Cluny, raconte que les cloches de toutes les églises sonnèrent alors sans que l'on y touchât, et que toutes les lampes s'allumèrent d'elles-mêmes. Il raconte aussi qu'il y avait deux pauvres qui vivaient ensemble : l'un était aveugle, l'autre paralytique, l'aveugle portait le paralytique, et celui-ci lui indiquait le chemin qu'il devait suivre ; et, en mendiant ainsi, ils gagnaient beaucoup d'argent. Ils apprirent que lors de la translation du corps de saint Martin, lorsqu'on le portait processionnellement hors de l'église, tous les malades qui étaient sur son chemin était délivrés de leurs maux, ils craignirent que le corps du saint ne passât près d'eux et ne les guérît. Car ils ne voulaient point être guéris de leurs infirmités qui leur rapportaient beaucoup d'aumônes. Quittant donc la rue dans laquelle ils étaient, ils se transportèrent dans

une autre dans laquelle ils pensaient que l'on ne condui-
rait pas le corps du saint. Et, tandis qu'ils fuyaient, ils se
rencontrèrent tout d'un coup avec le corps du bienheureux Martin ; et, contre leur gré, ils furent guéris.

On célèbre encore de nos jours, le 4 juillet, la translation des reliques de saint Martin. On appelle cette fête
la saint Martin d'été.

PENSÉE

(Extr. du Panégyrique de Saint Martin par Mgr Dupanloup).

Si la Gaule est chrétienne, c'est à saint Martin, à ses
vertus, et, j'ajoute, à ses miracles, qu'elle doit la consom-
mation de ce grand ouvrage. Les miracles avec les vertus
peuvent seuls expliquer une si progidieuse action. Je crois
aux miracles de saint Martin : j'y crois, parce que les ré-
cits contemporains qui nous les transmettent respirent la
plus saisissante véracité ; mais j'y crois plus encore à cause
de l'œuvre qu'il a faite. Pour éclairer, pour dompter les
populations aveugles et obstinées, il fallait renouveler les
prodiges des temps apostoliques. Le monde paien n'a cédé
qu'aux vertus et aux miracles des Apôtres ; à une telle
œuvre, pour une si profonde transformation, il fallait des
miracles. Pour arracher définitivement du vieux sol gau-
lois les superstistions séculaires, il en fallait aussi. Je crois
enfin aux miracles de saint Martin, parce que je crois à
la vertu de la prière dans le cœur d'un Saint

PRATIQUES

I. Notre-Seigneur demeure en la personne du pauvre, souvenons-nous en bien. Celui qui donne au pauvre prête à Dieu et celui qui ferme l'oreille au cri du malheureux, criera lui-même et ne sera pas écouté. L'aumône rachète les péchés, l'aumône assure le ciel. Qu'au jugement, chacun de nous puisse dire comme saint Martin : j'étais l'œil de l'aveugle, le pied du boiteux, le soutien de la veuve, le père de l'orphelin ; la bénédiction du malheureux prêt à périr venait se reposer sur moi.

II. La charité de saint Martin envers le prochain s'étendait surtout à ses besoins spirituels. Il s'appliquait à relever le pauvre, à lui faire connaître sa dignité. Il lui donnait avec douceur, patience et humilité d'utiles instructions.

III. Le pélerinage du Tombeau de saint Martin à Tours, est l'un des plus célèbres après celui de Rome et des Saints-Lieux. C'est là que de nos jours encore, saint Martin dispense ses plus grandes faveurs. Allons-y donc avec foi et confiance.

ORAISON DE SAINT MARTIN

Grand saint, du ciel où, depuis près de quinze siècles, vous jouissez de la récompense dont Dieu couronne les vertus qui ont fait de vous le modèle des parfaits chrétiens, des pieux solitaires et des plus glorieux Pontifes dont s'honore l'église des Gaules, jetez les yeux, je vous en conjure, sur cette paroisse qui vous est dédiée et bénissez le pasteur et le troupeau. Protégez la France et faites qu'elle soit toujours fidèle au glorieux Pontife romain, notre saint Père le Pape Pie IX.

CANTIQUE A SAINT MARTIN

Vous qui régnez dans la gloire,
Saint, l'amour de nos aïeux,
Honneur à votre mémoire,
Écoutez nos humbles vœux.

Dieu vous donne à nous pour modèle ;
Votre exemple est notre leçon :
Que notre âme toujours fidèle
Suive son guide et son Patron.
Vous qui régnez, etc.

Oh! Venez, pauvres de la terre,
Martin entendra vos accents ;
Des orphelins il est le père,
Les malheureux sont ses enfants.
Vous qui régnez, etc.

Et vous, enfants de l'opulence,
Venez à son trône immortel,

Des dons de la magnificence
Venez embellir son autel.
Vous qui régnez, etc.

De votre or et de vos richesses
Quel usage plus glorieux ?
Vous achetez par ces largesses
Un grand avocat dans les cieux!
Vous qui régnez, etc.

HYMNE A SAINT MARTIN

Martin, comme un rayon de la gloire éternelle,
    Comme un phare aux temps ténébreux,
Vint pour nous éclairer. Il couvrit de son aile
    Les affligés, les malheureux.
Et le peuple conduit par sa main paternelle
    L'aimait, le sentant généreux...

Il vint, déjà l'aumône embellit son enfance :
    Le doigt de Dieu l'avait touché.
Ardent guerrier, du pauvre il prenait la défense :
    A son sort s'étant attaché.
Son cœur pur, élevé, pardonnait toute offense,
    Son âme fuyait le péché.

Du pauvre il écouta la douloureuse plainte,
    Chêne, il protégea le roseau.

Avec un malheureux, action noble et sainte,
    Martin partagea son manteau.
Et le méchant lui-même, envahi par la crainte,
    Admira cet acte nouveau.

Evêque, sa vertu, pour ton bien se revèle,
    O Tours, bienheureuse cité !
Il fit jaillir de toi la première étincelle
    De grandeur et de charité ;
On l'écoute et l'impie émerveillé chancelle
    Sous le poids de la vérité.

Gloire à lui ! que chacun l'admire et le vénère
    Comme un apôtre tout puissant.
Les idoles de bronze et les statues de pierre,
    Se brisèrent à son accent.
Et des morts du tombeau furent, par sa prière,
    Rappelés, Dieu les repoussant.

. . . .

    Pour la terre encor précieux,
Comme un ange exilé que le Seigneur rappelle,
    Joyeux, il partit pour les cieux.

Cette hymne est inédite : elle est due à la muse, encore no-
vice, d'un jeune et modeste compositeur. Nous réclamons pour
elle la bienveillance de nos lecteurs.

Imp. Bugnicourt à Chauny.